DE IDEA A PROYECTO

De idea a proyecto

Una guía para organizar tus pensamientos fácilmente

INES LOPEZ

ISBN: 9798371367105

TABLA DE CONTENIDO

1 INTRODUCCION

¡Bienvenid@! ¿Tienes una idea que te inspira y quieres saber cómo hacerla realidad? Estás en el sitio perfecto. Y gracias por darme la oportunidad de compartir contigo la combinación de todo lo que he aprendido y desarrollado en los últimos 10 años de mi carrera profesional.

Creo que la definición del proyecto es la parte más emocionante e interesante de todas. He destilado el conocimiento y herramientas esenciales que necesitas para transformar tu idea en un proyecto fácil de desarrollar. Un proceso claro y estructurado, sencillo de aplicar para ti y cualquier persona involucrada en tu idea.

Este libro está estructurado en tres entregables que creo que son el mejor uso de tu tiempo y recursos para definir tu proyecto. Recorre los capítulos, haz los ejercicios, mira los vídeos y al final tendrás:

- Un mapa de beneficios sencillo que representa todas las cosas buenas que tu proyecto va a generar. Esta herramienta es muy útil para mantenerte motivado y también para obtener apoyos para tu nueva aventura.

- Un diagrama que te permite ver todos los tipos de actividades que requiere tu proyecto. Con esta herramienta podrás entender si vas a necesitar ayuda externa para hacer las tareas. También te puede ayudar a evaluar si tu idea es demasiado compleja y deberías de dividirla en varios proyectos, en vez de intentar hacer todo a la vez.

- Una línea temporal (a veces referidas como diagrama de Gantt) que muestra tus tareas en secuencia y organizadas en el tiempo. Este gráfico te ayudará a seguirle la pista al proyecto para que cumplas con las fechas que te has propuesto.

Para producir estos elementos te propongo una mezcla de diferentes sistemas disponibles en Internet, todos gratuitos en el momento de escribir este libro:

- Miro, www.miro.com, una plataforma para crear gráficos de forma sencilla.

- ClickUp, www.clickup.com, un sistema fantástico para organizar y hacer el seguimiento de tus tareas y proyectos.

He creado vídeos para mostrar cómo he usado cada una de estas páginas. Puedes encontrarlos en este enlace https://ineslopez.gumroad.com/l/materialadicional o a través del código QR.

Quiero dejar claro que no tengo ninguna afiliación con ninguna de estas marcas ni gano ninguna comisión. Las utilizo porque hacen el trabajo que quiero de una forma eficiente pero es totalmente decisión tuya si las quieres utilizar o no. Lo cierto es que puedes hacer todos los pasos que te propongo con papel y lápiz si así lo deseas. Lo importante es hacer el trabajo mencionado en los capítulos y organizar tu idea en un proyecto, independientemente de si quieres almacenar tus resultados en papel o en un medio digital.

He mantenido el contenido de este libro simple porque creo que la gestión de proyectos puede y debe ser adaptada a las circunstancias del proyecto. No necesitas un montón de documentación y aprender terminología complicada para dar vida a una idea. Unos conocimientos básicos te ayudarán a organizarte de una forma razonable. Y para ello no necesitas obtener una certificación de gestión de proyectos.

Si estás leyendo esto y anticipas que tu proyecto va a tener un presupuesto de millones y más de 20 entidades (personales o grupos) involucradas también te puedes beneficiar de los pasos que menciono aquí. Sin embargo deberías plantearte encontrar asesoría de gestión de proyectos relativamente pronto. Un proyecto de esa dimensión debería entrar en el mayor nivel de detalle posible desde el comienzo para conseguir que su ejecución sea lo más efectiva posible.

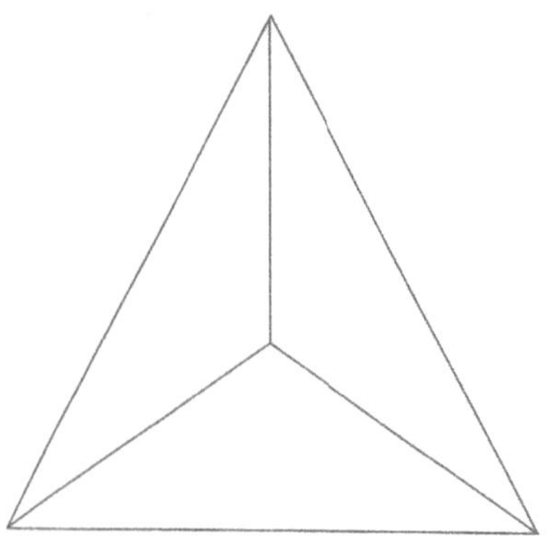

Estas páginas han ayudado a varias personas a organizar sus pensamientos en algo fácil de seguir, entender, implementar y comunicar. Mi deseo es que puedan hacer lo mismo por ti.

2 DEFINIR TU IDEA

Probablemente has tenido una idea dando vueltas en tu cabeza desde hace tiempo. Un día se te viene a la mente un aspecto de ella y te inspiras para resolverlo. Después esperas porque la vida se mete de por medio. Unos días después vuelves a pensar en tu idea y encuentras otra pieza del puzzle. Y te preguntas, ¿cómo voy a darle sentido a todo esto?

El primer paso es definir el objetivo de tu idea.

Respira profundo varias veces, conecta con tu idea y pregúntate: **¿qué quiero conseguir?**

Escríbelo, intentando ser específico. Piensa en el resultado final. Para guiarte en este proceso voy a usar como ejemplo el proyecto que hice para crear este libro.

En mi caso el objetivo que buscaba es ayudar a

otros a que definan sus proyectos para que más cosas buenas pasen en el mundo.

Ahora, **¿para cuándo quieres que pase este resultado?** Dale una fecha exacta con día, mes y año.

Yo quiero mi proyecto completado para el 30 de diciembre de 2022. Esto se refiere a la fecha que me pongo a mí misma para terminar las tareas del proyecto. Considero que el proyecto está terminado cuando yo haya hecho todo lo que tengo que hacer para que esté disponible para los lectores.

¡Felicidades! Ahora ya sabes qué quieres hacer y para cuándo. Si te parece muy simple es porque en cierta medida lo es. Uno de los aspectos fundamentales de un proyecto es saber el objetivo y darle una fecha límite. Esto te ayudará a comprometerte con tu idea para que cada día encuentres el tiempo necesario para hacerlo realidad.

El siguiente aspecto es entender lo que tu idea generará en diferentes contextos. Esto te ayudará a tener más claridad sobre todo lo bueno que vas a crear con tu proyecto. Así estarás creando una herramienta que te motivará para continuar en los momentos más complicados. Además podrás usar esta información para promocionar tu proyecto y conseguir apoyos.

Responde las siguientes preguntas:

- **¿Qué va a generar tu idea para tu negocio?**

En mi caso me ayudará a mostrar mi conocimiento y experiencia en gestión de proyectos para posicionarme en este campo. Además también puede generarme ingresos.

- **¿Qué te va a aportar tu idea a ti como individuo?**

Satisfacción personal de poder poner mis habilidades y experiencias de los últimos 10 años para un buen fin. Cumpliré un deseo de ayudar directa o indirectamente a más gente a crear sus proyectos.

- **¿Qué dará tu idea a tus clientes, si los tienes?**

Conocimiento y confianza para empezar sus proyectos. Ser capaces de convertir sus ideas y sueños en una realidad.

- **¿Que dará tu idea a tus empleados, si los tienes?**

No tengo empleados en este momento.

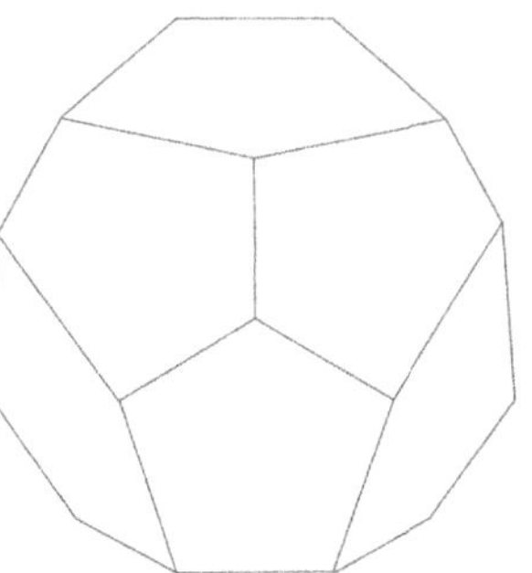

- **¿Qué creará tu idea en el mundo?**

Más proyectos creando cambios positivos en el mundo.

Todas estas respuestas son los beneficios directos de tu proyecto. Sin ninguna duda tu proyecto va a generar más cosas buenas, sólo tienes que identificarlas. Y hay una manera muy simple de representar toda esta información de una forma atractiva para quien la recibe.

2.1 DEFINE LOS BENEFICIOS DE TU PROYECTO

Lo que vas a crear en este apartado se llama un mapa de beneficios. Puedes encontrar muchos tipos de plantillas, unas más complejas que otras. En este libro yo quiero hacer las cosas sencillas así que he creado un mapa con el estilo de mapa mental. Es fácil de rellenar, de reproducir y cumple el objetivo que estoy buscando. No hay necesidad de complicaciones.

Revisa el objetivo de tu proyecto, la primera pregunta que has respondido. Colócala en una caja a la izquierda de tu hoja. Este es el principio de tu mapa de beneficios. Después de hacer esto pregúntate:

- ¿Qué va a hacer, crear, generar esto? y/o
- ¿Qué impacto va a tener esto? ¿Qué

consecuencias va a tener?

La respuesta (o respuestas si tienes más de una) se coloca en diferentes cajas a la derecha de la caja inicial. Es como crear las ramas de un árbol pero en horizontal en vez de vertical. Vas conectando las cajas en la misma rama con una línea porque esos beneficios están relacionados entre sí.

He escrito dos preguntas para identificar beneficios porque dependiendo del tipo de proyecto una puede ser más relevante que la otra, pero la idea siempre es la misma. De tus respuestas te haces las mismas preguntas otra vez y pones cada uno de los resultados/beneficios que esperas en una caja a continuación, conectándolos con una línea. Y continúas haciendo esto hasta que no encuentres más beneficios que añadir.

Una cosa a tener en cuenta es que puede que tengas un beneficio que esté relacionado con dos beneficios diferentes, tanto de la misma rama como de diferentes ramas. Esto quiere decir que puedes tener más de una línea saliendo o entrando de una caja. Esto es totalmente normal y no hay ningún problema con ello.

En la imagen a continuación puedes ver un ejemplo de un mapa con algunos de los beneficios que generará mi aventura “De idea a proyecto”.

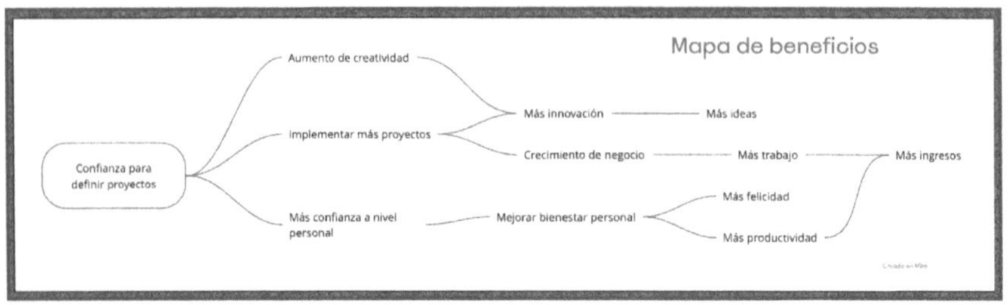

Ahora te toca a ti.

2.2 SOFTWARE QUE PUEDES USAR

Quizá quieras crear tu mapa de beneficios con algún programa en tu ordenador. Te puedo sugerir las siguientes opciones:

- Miro (www.miro.com). Con el plan gratuito puedes seleccionar la plantilla llamada mindmap. Esto te permitirá crear un gráfico de forma sencilla que se parecerá al de la imagen anterior. En el material adicional encontrarás un vídeo con pasos para crear tu mapa.

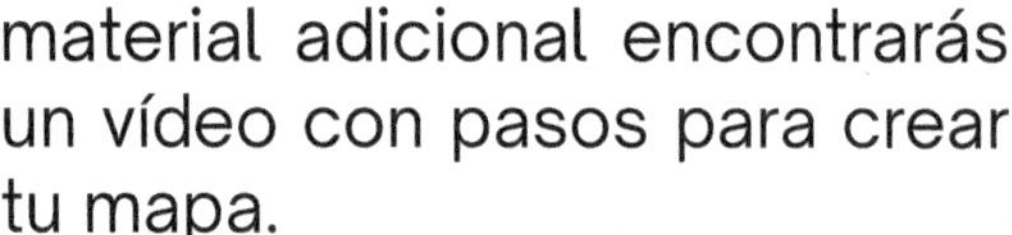

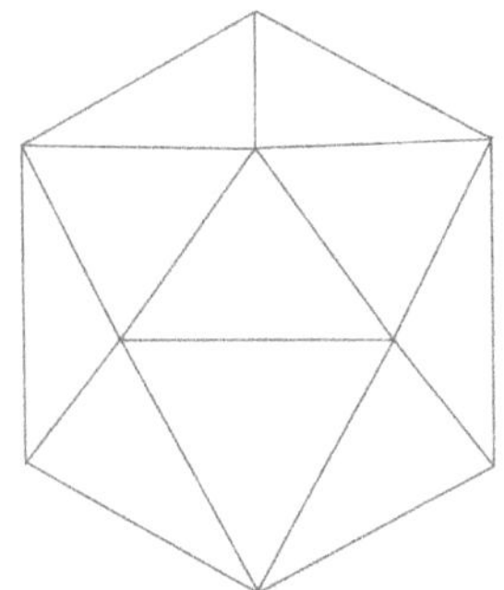

- Clickup (www.clickup.com). En su versión gratuita tienen una herramienta para hacer mapas mentales. Con ella podrás poner todo el contenido del mapa de beneficios.

2.3 COMO USAR ESTE MAPA

Puedes utilizarlo para motivarte con todas las cosas buenas que tu idea va a crear. Esto puede ayudarte a continuar con el proyecto cuando las cosas se compliquen o tengas muchas cosas en tu vida demandando tu atención.

Los mapas de beneficios son herramientas excelentes de comunicación. Muestran todos los aspectos positivos de tu proyecto. Por lo tanto, puedes usarlos para ayudar a la gente a entender por qué tu proyecto te inspira tanto y por qué ellos también deberían inspirarse con él. Puede ayudarte a conseguir apoyo para tu proyecto de muchas maneras diferentes.

Consejo pro:
Si quieres llevar todo esto al siguiente nivel puedes hacer una búsqueda en Internet con los términos mapa de beneficios, caso de negocio y monetización de beneficios.
En un escenario ideal (y formal) los beneficios tienen que ser cuantificados. Esta es una de las herramientas que las empresas utilizan para saber si un proyecto vale la pena y cuánto beneficio obtendrían si lo implementaran.

A mi modo de ver, este proceso es bastante detallado y de un nivel avanzado. En modo muy resumido lo que harías es encontrar valores relevantes para tus beneficios, en números o porcentajes a ser posible. Recuerda que tienen que ser cuantificados. Cuantos más valores relevantes mejor. También puedes incluir beneficios cualitativos, más relacionados con el tipo de experiencia o cosas que no tienen un valor económico determinado pero son comúnmente reconocidos.

En el ejemplo sobre mi proyecto, uno de los valores que debería identificar es cuánto más productivo es alguien como resultado de tener más bienestar mental. Y qué cantidad de beneficio económico (ingresos adicionales que son únicamente atribuidos a ese cambio en el bienestar) ha recibido la compañía como resultado.

A continuación tendría que estimar cuántas personas recibirán ese beneficio, es decir cuanta gente serán mis clientes. Haciendo cálculos con esos valores (y el resto de los valores para todos mis beneficios) podría entender el beneficio económico de mi proyecto.
Una vez tenga los costes definidos, puedo comparar el beneficio económico con los costes y determinar si el proyecto va a generar más de lo que va a costar.

En este punto es importante mencionar que a veces los proyectos se hacen independientemente de su beneficio económico. Hay cambios en leyes y mercados que pueden llegar a obligar a empresas a hacer proyectos para poder estar dentro de las regulaciones necesarias o mantener su competitividad.

También hay proyectos que se realizan por motivaciones cualitativas, en vez de cuantitativas. Por ejemplo, un programa de recompensas o beneficios laborales puede necesitar que la empresa invierta dinero para que sus empleados sean más felices y más leales a la empresa. También pienso que con los recientes cambios en el entorno laboral y la forma en la que trabajamos cada vez vamos a ver más proyectos cualitativos. Y eso es fantástico porque el dinero no debería ser el único factor decisivo en la elección de proyectos.

3 IDENTIFICA LO QUE TU PROYECTO IMPLICA

¡Felicidades! Ya tienes tu objetivo y tus beneficios. Ahora es el momento de definir las actividades que tendrás que hacer para que los beneficios que quieres se vuelvan una realidad.

En este paso vas a crear un diagrama jerárquico para organizar todas las actividades de tu proyecto. En la terminología de gestión de proyectos esto se llama una estructura de desglose del trabajo. Crearla te ayudará a entender la complejidad de tu proyecto y si vas a ser capaz de hacerlo todo por ti mismo o vas a tener que buscar ayuda.

En una hoja de papel haz una lista de todas las cosas que sabes que vas a tener que hacer para completar tu proyecto. Hazlo en el mayor grado de detalle posible para asegurarte de que estás considerando todo el trabajo necesario.

Puede que tengas que hacer alguna búsqueda online sobre cómo hacer algunas cosas, es normal. La clave es tener todo tu trabajo identificado, independientemente de si eres un experto en esa materia o no.

Para darte una idea a continuación puedes ver la lista de tareas para mi proyecto.

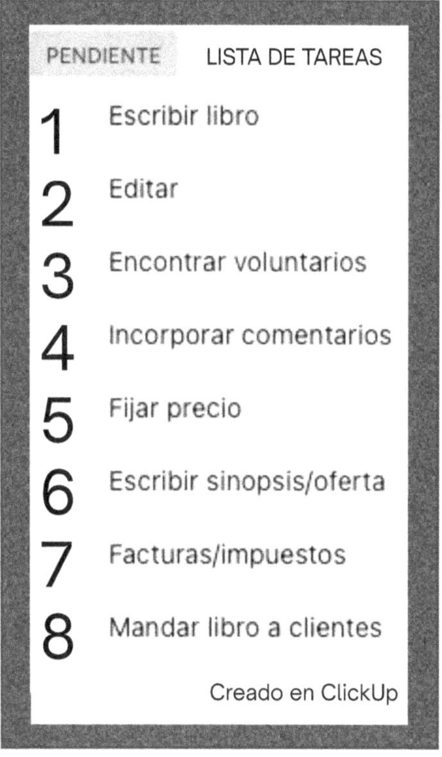

Como ves, algunas de esas tareas podrían ser descompuestas en actividades más pequeñas. Tú decides el nivel de detalle al que quieres llegar. Yo me he quedado en un nivel intermedio porque me gustan las jerarquías relativamente simples.

Además cuando entro en mucho más en detalle es al hacer las líneas temporales.

Si estás haciendo un proyecto complejo o eres una persona muy visual te recomendaría entrar al mayor de nivel de detalle posible desde este momento. Toda esta información será muy útil cuando estés haciendo tu línea temporal, así que no es trabajo perdido.

Ahora es tu turno de hacer la lista de las actividades de tu proyecto, con el nivel de detalle que quieras. Por el momento puedes hacer la lista en papel.

Cuando hayas hecho tu lista vuelve a tu mapa de beneficios y comprueba que has cubierto todos los beneficios con las actividades que has escrito. Es decir, tus tareas van a producir todos los aspectos que tienes reflejados en tu mapa de beneficios. Esta es una buena manera de asegurarte de que no estás olvidándote de ningún componente esencial en tu proyecto.

Ya sabes todo lo que necesitas hacer, ahora toca organizarlo.

Revisa tu lista y evalúa qué temas comunes puedes ver. Estos temas serán diferentes dependiendo del proyecto que estés haciendo. Los temas son las categorías de tu proyecto. Tienen que permitirte poder agrupar todas las tareas que tienes en tu lista, dentro de una u otra categoría.

Una vez las has identificado puedes crear una estructura jerárquica:

- El primer nivel es el nombre de tu proyecto
- El segundo nivel son las categorías que has definido
- El tercer nivel son las tareas relevantes a esa categoría
- El cuarto nivel son subtareas de las tareas en el tercer nivel, etc.

En la imagen inferior puedes ver la estructura jerárquica que realice para el proyecto de crear este libro.

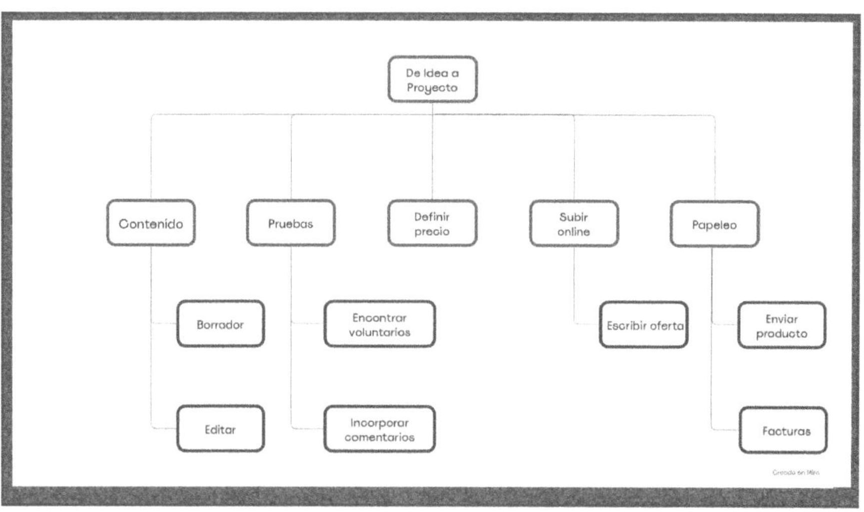

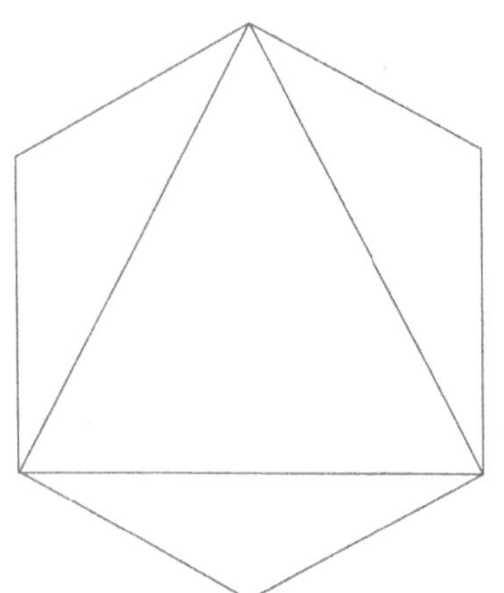

Ahora es tu turno de hacer el tuyo. No tiene mucho sentido que te de una plantilla porque el número de cajas y de ramas va a depender de tu proyecto. Pero con el ejemplo anterior te puedes hacer una idea e ir adaptándolo según tus necesidades.

Organizar todo el trabajo de tu proyecto en categorías te permite crear una estructura para tu proyecto. Técnicamente estás creando las ramas de tu árbol-proyecto, que sostendrá todo tu trabajo. Es una manera excelente de tener claridad sobre el trabajo que vas a desempeñar.

3.1 SOFTWARE QUE PUEDES USAR

Para crear mi jerarquía utilicé el plan gratuito de la página Miro (www.miro.com). Una vez dentro busqué una plantilla llamada sitemap. La plantilla contiene varios gráficos organizados en dos columnas. Yo escogí el segundo de la columna de la izquierda. En el material adicional tienes un vídeo mostrando esos pasos para que puedas encontrar la plantilla.

Otra opción que puedes explorar es utilizar Clickup

(www.clickup.com). En esta página te sugiero que vayas a la vista de mindmap para crear tu jerarquía. Puedes acceder a diferentes vistas en la parte superior de tu pantalla. La única diferencia con este método es que vas a crear una jerarquía horizontal en vez de vertical. Es decir, el nombre de tu proyecto va a estar a la izquierda del gráfico en vez de en la parte superior.

Estas son algunas opciones que pueden ahorrarte algo de tiempo de colocar cajas y líneas, pero en realidad puedes hacer este diagrama con cualquier programa que te permita crear rectángulos y líneas y reorganizarlos. Un programa de presentaciones o una página como Canva (www.canva.com) funcionan perfectamente. Y por supuesto siempre tienes la opción de hacerlo en papel.

4 LA CLAVE DE TODOS LOS DOCUMENTOS DE PROYECTO

No conozco a ningún jefe de proyecto que no utilice líneas temporales en su trabajo. Puede contener más o menos nivel de detalle pero es una herramienta esencial para darle seguimiento a las tareas y fechas de entrega. Es lo más básico que se necesita para hacer la gestión de un proyecto.

En este capítulo vas a seguir desarrollando todo el trabajo que has hecho hasta ahora identificando las tareas de tu proyecto.

4.1 PONER EN ORDEN TUS TAREAS

Tu siguiente ejercicio es definir en qué orden se tienen que hacer las tareas de tu proyecto.

Algunas tareas puede que tengan que esperar a que otras se hayan terminado para poder empezar.

Por ejemplo, no puedo editar el contenido del libro si aún no lo he escrito.

Pero habrá otras tareas que puedan empezar de forma independiente. Por ejemplo encontrar gente para probar mi contenido y ver si proporciona los resultados que estoy buscando. No tengo que mandarles el libro ahora mismo. La tarea a la que me refiero es encontrar a los voluntarios. Para hacer eso todo lo que necesito es tener una idea del tipo de contenido que voy a crear, para poder explicárselo, pero no necesito tener el contenido ya listo. Puedo encontrar a los voluntarios en paralelo a terminar mi contenido. De este modo no tengo que esperar a que el contenido esté listo para tener a gente involucrada. Hacer estas dos tareas en paralelo me ahorrará tiempo y también me ayudará a mantener mi proyecto fluyendo.

Revisa tu lista de tareas asignándoles números en relación a la secuencia que crees que deben seguir para ser completadas. Considera si la tarea que estás analizando puede empezar por sí misma o si necesita información de otra tarea. Puede que tengas que cambiar los números según vas haciendo este ejercicio. No te preocupes, nos pasa a todos los jefes de proyecto de vez en cuando.

Al final de este ejercicio deberías tener algo como esto:

PENDIENTE

LISTA DE TAREAS ORDENADA

1 Escribir libro

2 Editar

3 Encontrar voluntarios

4 Incorporar comentarios

5 Fijar precio

6 Escribir sinopsis/oferta

7 Mandar libro a clientes

8 Facturas/impuestos

Creado en ClickUp

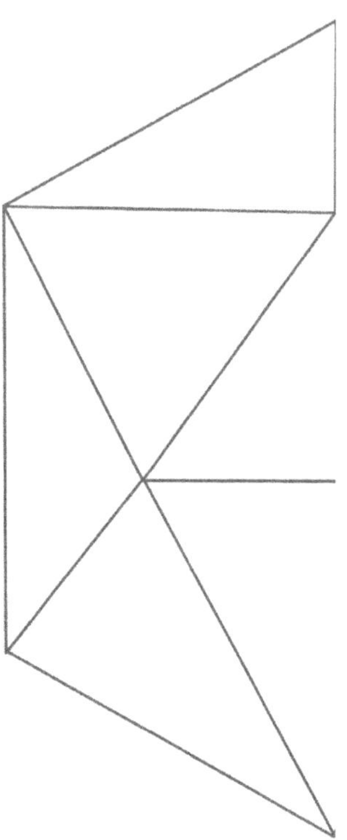

CONSEJO PRO:
Hay un delicado equilibrio entre hacer cosas en paralelo y crear riesgos en un proyecto. Tener varias cosas trabajando a la vez significa que tienes que vigilar más factores. Esto te consumirá tiempo y energía. También puede abrir la posibilidad de tener que hacer más cambios inesperados para poder resolver cosas sin tener suficiente certeza de cómo va a encajar todo en su conjunto.
Por otro lado, hacer una actividad tras otra puede hacer que tu proyecto sea muy largo y también retrasa la

4.2 LAS TAREAS EN EL TIEMPO

El siguiente paso es entender cuánto tiempo necesita cada tarea para ser completada.

Vuelve a la lista de tareas y asígnales una duración. Investiga un poco en Internet sobre las tareas de las que no estás seguro, pregunta a amigos que tengan experiencia en algo similar o simplemente haz una estimación conservadora.

En este proceso es buena práctica añadir algunas horas o días extra a las tareas, sobre todo si son:

- Tareas complejas de llevar a cabo
- Críticas para el éxito del proyecto, algo que si no se hace bien va a reducir las posibilidades de conseguir tu objetivo de la manera que quieres
- Desconocidas, tanto parcial o completamente; siempre es bueno tener algo de margen cuando hay incertidumbre

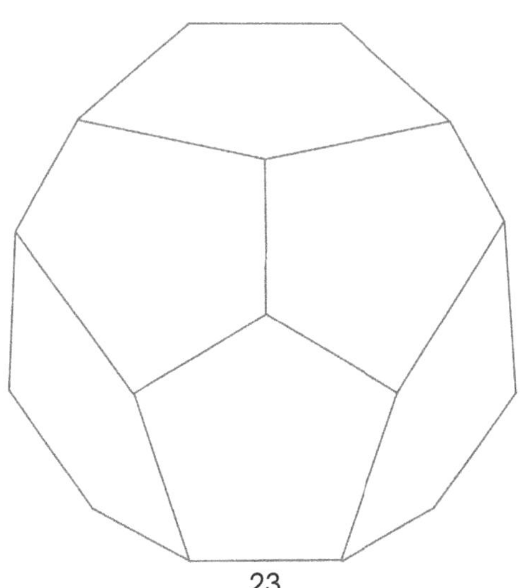

PENDIENTE	LISTA DE TAREAS ORDENADA CON DURACIONES	
1	Escribir libro	2 días
2	Editar	4 días
3	Encontrar voluntarios	3 días
4	Incorporar comentarios	3 días
5	Fijar precio	1 día
6	Escribir sinopsis/oferta	1 día
7	Mandar libro a clientes	1 hora
8	Facturas/impuestos	1 día al mes

Creado en ClickUp con un campo de texto

4.3 TU LINEA TEMPORAL

Es el momento de juntar todo el trabajo que has hecho y crear la clave de todos tus documentos de proyecto. Sólo tienes que tomar una decisión más. Lo que llamo tu “estrategia temporal”.

¿Quieres completar tu proyecto en la fecha original que has definido a toda costa? O ¿tienes algo de flexibilidad y no te importa si es algo más tarde?

Piénsalo durante unos momentos y escoge una opción.

En el ejercicio anterior has asignado duraciones a tus tareas y anteriormente has puesto tus tareas en orden. Esto significa que tienes una lista de tareas ordenada y con duraciones. Esta es la base de tu línea temporal. Una manera de ver lo que se necesita hacer y para cuándo.

Probablemente cuando has asignado duraciones a las tareas lo has hecho pensando en el tiempo que van a necesitar para ser completadas por sí mismas.

Para hacer que todo encaje solamente tienes que escribir las tareas en el orden que les has dado pero con las fechas también en secuencia, dependiendo de si la tarea puede empezar de forma independiente o tiene que esperar a que otra termine.

En mi ejemplo, mi primera tarea empieza el 12 de diciembre escribiendo este contenido. Le he dado dos días para producir el contenido, lo que significa que terminará el 13 de diciembre. La siguiente tarea, editar contenido tiene que empezar el 14 de diciembre, una vez haya finalizado la primera tarea.

TO DO	LISTA DE TAREAS CON FECHAS	START DATE	DUE DATE
1	Escribir libro	Mon	Tue
2	Editar	Wed	Dec 19
3	Encontrar voluntarios	Dec 20	Dec 22
4	Incorporar comentarios	Dec 23	Dec 26
5	Fijar precio	Dec 27	Dec 27
6	Escribir sinopsis/oferta	Dec 28	Dec 28
7	Mandar libro a clientes	-	
8	Facturas/impuestos	-	

Creado en ClickUp

Básicamente se trata de transformar las duraciones en fechas específicas. Y la fecha en la que termina tu última tarea es la fecha en la que terminará tu proyecto.

¡Lo has conseguido!

En mi ejemplo la fecha en la que termina mi proyecto será el 28 de diciembre. Tengo otras dos tareas asociadas con el proyecto pero están relacionadas con operaciones. Representan el trabajo que tendré que hacer cuando el proyecto esté funcionando pero no son necesarias para poder publicar el contenido. Las he dejado en la lista pero no necesito darles fechas para el propósito de este ejercicio.

Una manera muy común de ver las líneas temporales es en forma de diagrama de Gantt. Aquí tienes un ejemplo que he creado usando Clickup (www.clickup.com). Introduje todas las tareas y les di una fecha de inicio y de fin.

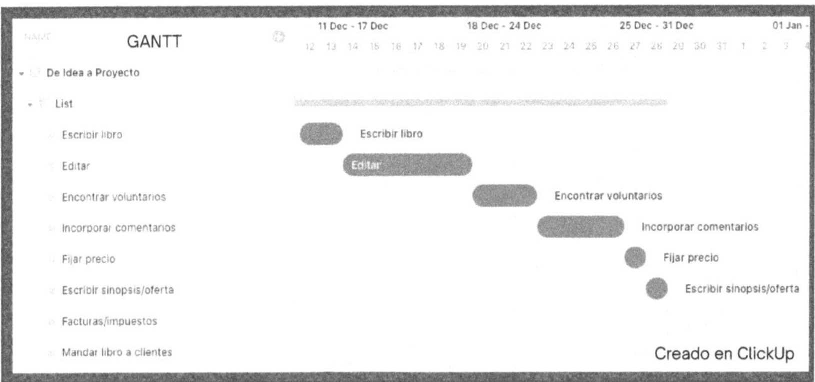

Aquí es donde la pregunta que te hice al principio del capítulo entra en juego.

Tienes que comparar la fecha final de tu proyecto con la fecha que le diste al proyecto al principio del libro, hace varios ejercicios y capítulos.

¿Se parecen? ¿Te parece aceptable la diferencia? Si la respuesta es afirmativa puedes continuar a la siguiente sección.

Si por cualquier motivo quieres hacer el proyecto

más corto tienes dos opciones:

- Revisar las duraciones de las tareas para ver si puedes hacerlas en menos tiempo. Ten en cuenta que hacer cosas más rápido introduce riesgos y costes. Sobre todo si estas actividades son cosas que tienes que subcontratar.

- Revisar la secuencia de las tareas para ver si puedes empezar algunas cosas antes o tener más cosas ocurriendo en paralelo. Por ejemplo, podría esperar a tener todo el borrador completo antes de empezar a editar. Pero también puedo empezar a editar lo que ya tengo escrito en paralelo con terminar el borrador. Esto puede que implique menos tiempo en total pero introduce el riesgo de que quizás algo de lo que ya he editado no se acabe usando y el tiempo usado en editarlo se pierda. Siempre hay un toma y daca cuando se ajustan líneas temporales.

4.4 EL MOMENTO DEL DINERO

Ya tienes tu línea temporal. El último aspecto esencial de tu proyecto es saber cuánto te va a costar llevarlo a cabo.

Normalmente se define el presupuesto después de la línea temporal porque necesitas saber cuánto tiempo te va a llevar hacer algo para poder asignarle un precio.

Considera los siguientes factores durante este proceso:

- ¿Qué valor y precio le das a tu propio tiempo? No asumas que porque tú vas a hacer la tarea no te va a costar dinero. Si eres el que ejecuta algo no vas a poder hacer otras actividades que quizá te generarían más beneficios tanto personal como profesionalmente.
- ¿Quieres completar el proyecto en la fecha definida pase lo que pase? Hacerlo probablemente implique un presupuesto más elevado para que puedas poner dinero para que tareas y problemas se resuelvan más rápido.

Revisa la línea temporal y empieza a calcular el coste de cada tarea. Asígnate una tarifa diaria o por hora para el trabajo que vas a realizar. Utiliza las tarifas de tu equipo de trabajo o contratistas si las tienes.

Para algunas tareas puede que quieras pedir cotizaciones para que este ejercicio sea lo más preciso posible. Otras puede que sean parte de suscripciones o servicios que utilizas para varios proyectos. En ese caso puedes repartir ese coste proporcionalmente para que todos los proyectos contribuyan a ese gasto.

PENDIENTE	PRESUPUESTO	
1	Escribir libro	$100
2	Editar	$150
3	Encontrar voluntarios	$50
4	Incorporar comentarios	$200
5	Fijar precio	$50
6	Escribir sinopsis/oferta	$50
7	Mandar libro a clientes	$3
8	Facturas/impuestos	$50

Creado en ClickUp

También tienes que considerar que, a menudo, una tarea puede requerir cierto tiempo para ser completada pero eso no significa que necesite de tu atención durante todo ese periodo.

Por ejemplo, mi tarea de encontrar voluntarios para probar el contenido va a durar 4 días. Pero de esos cuatro días habrá momentos en donde estaré trabajando en la tarea, enviando mensajes. Pero la mayor parte del tiempo de esa tarea va a ser esperar a que la gente me responda, lo cual es un retraso pero no significa que yo tenga que estar sólo esperando, puedo estar haciendo otra cosa mientras. Según vayas definiendo más proyectos te acostumbrarás a estos matices y cómo incluirlos en la gestión.

Una vez que tengas todos tus costes puedes hacer una estimación de los ingresos que el proyecto va a generar y sustraer los costes. Esto te puede ayudar a tener una idea de la ganancia económica del proyecto, lo cual puede ser un factor diferenciador y significativo para hacer un proyecto u otro.
Si tienes varias ideas esperando a ser ejecutadas puedes hacer este ejercicio para decidir cuál hacer primero. Sin embargo en ese análisis también deberías considerar otros factores como cuánto vas a disfrutar haciendo este proyecto, qué proyecto te va a dar más satisfacción una vez completado, etc.

Consejo Pro:
Si te es posible te recomiendo que incluyas un presupuesto de contingencia en tu proyecto. La cantidad de dinero puede ir desde 5% para proyectos en los que tienes mucha experiencia y donde sabes que hay pocos riesgos a 40% para proyectos con grandes niveles de incertidumbre y riesgo.

Ya está todo listo. Has creado tus documentos esenciales de una forma sencilla.

¡Has transformado tu idea en un proyecto!

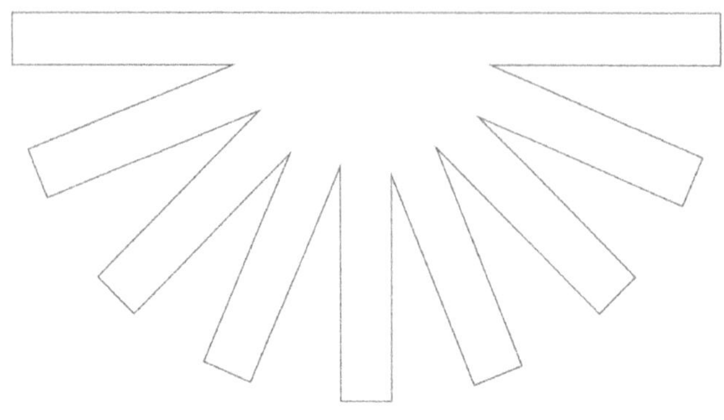

4.5 SOFTWARE QUE PUEDES USAR

No puedo pensar en líneas temporales o diagramas de Gantt sin que programas comerciales muy famosos me vengan a la mente. Probablemente porque cuando empecé en el mundo de la gestión de proyectos no había tantas opciones como hay ahora. Además estos programas suelen ser utilizados en el sector público y multinacionales. Estos sistemas permiten crear las tareas, asignar duraciones y costes todo a la vez. Sin embargo no son gratuitos y para el propósito de lo que estás haciendo aquí creo que no los necesitas.

Durante los últimos años han surgido varias herramientas de gestión de proyectos en Internet. Asana (www.asana.com) es relativamente fácil de usar y su plan gratuito es bastante útil.

También puedes usar Clickup (www.clickup.com). Crea un espacio con el nombre de tu proyecto. Después puedes añadir tareas y subtareas. Puedes darle duraciones asignando fechas de finalización e inicio a las tareas. Una vez has añadido toda esa información puedes ir a la vista Gantt y ver las tareas en forma de línea temporal. En el material adicional encontrarás un vídeo mostrándote cómo hacerlo.

Miro (www.miro.com) también tiene una opción para construir un diagrama de Gantt de forma visual. Es una de las plantillas que proporcionan. Me resulta algo tedioso de utilizar pero es una opción y es gratuita. Y si quieres tener todos tus documentos de proyecto en un sólo lugar esta puede ser una buena opción dado que esta página te permite hacer mapas de beneficios y jerarquías.

5 QUE SIGUE DESPUES DE DEFINIR TU PROYECTO

¡Lo conseguiste! Tu idea ya no es una idea. Ahora es un proyecto. Sabes lo que vas a conseguir, para cuándo y cómo. ¡Qué emocionante!

Lo que sigue es hacer el trabajo. La gestión del proyecto en sí mismo. Eso es otra etapa en el ciclo de vida del proyecto y tiene mucho que ver con: liderazgo, comunicaciones y resolver problemas.

En mi opinión la definición de un proyecto es bastante única, depende mucho del proyecto en cuestión. Siempre se usan los mismos principios y herramientas durante el proceso, independientemente del tipo de proyecto. Pero durante esta etapa temprana sueles encontrarte diferentes retos y situaciones particulares a este proyecto en concreto.

La gestión del proyecto suele ser similar

independientemente del proyecto. En realidad lo que siempre estás haciendo es liderar un equipo de personas que están ejecutando tareas.

Aunque la gestión de proyectos está fuera del objetivo de este libro te comparto algunos consejos que te ayudarán en ese camino:

- Siempre intenta liderar a la gente de la manera en la que te gustaría ser liderado.

- Si tienes varias personas involucradas en las tareas del proyecto es importante definir y acordar lo antes posible quién va a hacer cada cosa. Puedes buscar en Internet la palabra RACI, es una herramienta para definir roles y responsabilidades que te ayudará a evitar malentendidos y asegurarte de que todas las tareas se llevan a cabo.

- Recuerda que tu equipo está formado por seres humanos y ser un líder significa saber cómo conectar con ellos. La mejor manera que he encontrado de conseguir que alguien esté motivado y sea productivo es asegurarme de que se sienten valorados y tienen lo que necesitan para poder hacer su trabajo. A veces esto es un recurso físico, a veces es una conversación honesta y otras veces es hacer una actividad fuera del trabajo para que se puedan ver como personas, más allá de las etiquetas y roles del proyecto.

- Aplica un estilo de liderazgo flexible. No utilices la misma estrategia para todo el mundo y todas las tareas. Muévete entre dirigir, monitorizar, entrenar y hacer de tutor dependiendo del nivel de experiencia de esa persona en la tarea en cuestión. Asegúrate de acordar con cada uno de los miembros de tu equipo cómo les vas a liderar desde el principio para que todo esté claro en las dinámicas de comunicación y trabajo.

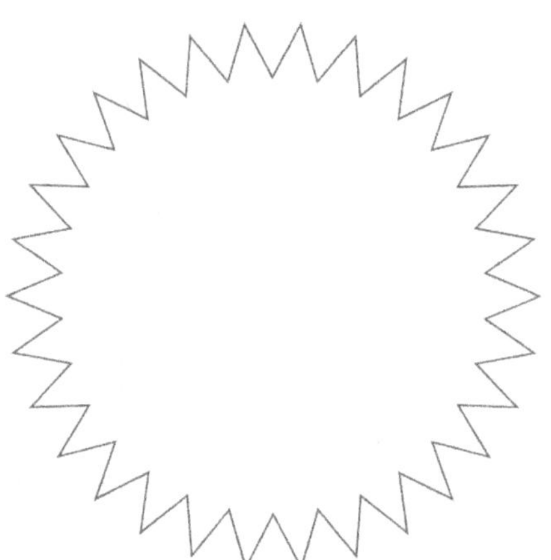

Sé honesto, claro, abierto y conciso en tus comunicaciones. En caso de duda siempre busca una clarificación. Pedir la opinión de tus colaboradores es una gran manera de recabar apoyo para tu proyecto, identificar riesgos o espacios ciegos y hacer que todo el mundo esté en la misma página.

- Maneja la información de forma inteligente. Identifica quién necesita saber las cosas y cuándo deben saberlas. A veces la clave está en cuándo decir algo a un colaborador.

- Celebra las victorias durante el proyecto. Es una manera inmejorable de mantener la motivación de todos los involucrados. No esperes al final para celebrar.

6 TU MENTALIDAD

En los capítulos anteriores has visto los pasos que puedes seguir para transformar tu idea en un plan de acciones, un proyecto. La diferencia entre tener un plan y llevarlo a cabo está normalmente en tu mentalidad.

¿Crees que eres capaz de llevar este trabajo a cabo? ¿Crees que las cosas juegan a tu favor? No importa lo bien organizado que estés, si no crees que puedes hacer algo tu camino va a ser mucho más difícil. No imposible, pero más difícil de lo que podría ser. Vas a necesitar más esfuerzo y energía para dar cada uno de los pasos. Esto puede generar frustración y a su vez puede hacer que abandones tu idea, incluso antes de que el proyecto se haya completado o incluso empezado.

Esa es la razón por la que he añadido este capítulo. Para ayudarte a trabajar con tu mente y que tu voz interior esté de tu lado tanto como sea posible.

Piensa en tu mente de una forma súper simplificada, como si sólo tuviera dos partes. Una parte diaria que a menudo es la que está gestionando las cosas, ayudándote a analizar situaciones, tomar decisiones, etc.

Y una parte que vive por debajo. La puedes oir a veces susurrándote dudas o miedos de vez en cuando. Cosas como: esto es demasiado esfuerzo, ni lo intentes porque no lo vas a conseguir, no te va a salir bien, no merece la pena trabajar tanto, la vida nunca va a estar de tu lado...

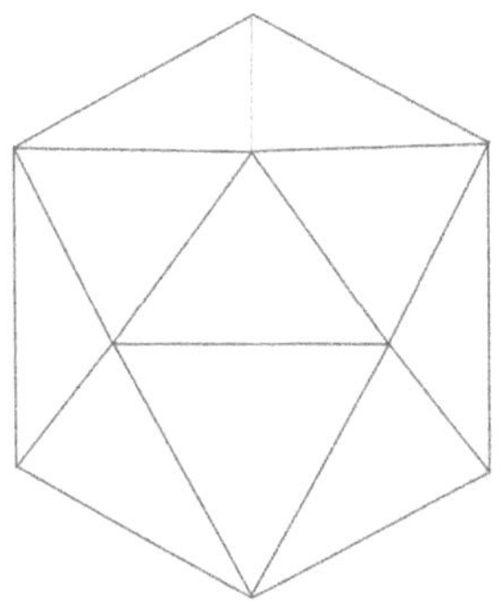

Esta segunda parte es una mezcla de tus experiencias pasadas, la cultura que has absorbido de tu entorno, incluso creencias de tu familia que han pasado a ti.

Todo esto crea una serie de cajas negras, llenas de recuerdos, sentimientos y decisiones que hiciste en esos momentos para intentar darle sentido a lo que te estaba pasando y cómo te estabas sintiendo.

No todas las decisiones que hiciste en el pasado eran lógicas. El objetivo de esta parte de tu mente es evitar que vuelvas a sentirte mal a toda costa.

La lógica no es parte de la ecuación. Tu mente va a crear decisiones y creencias para cumplir este propósito. Esto se traduce en crear situaciones donde reafirmar esas creencias, porque lo malo conocido es mejor que lo desconocido. O evitar que estés en una situación como esa de nuevo. Porque la falta de acción es mucho mejor que hacer algo y arriesgarte a sentirte mal otra vez.

Por ejemplo, quizá cuando eras un niño tuviste una idea genial sobre un dibujo. Lo hiciste y se lo enseñaste a tus cuidadores o profesores. Pero ellos no reaccionaron de la manera que tú querías. No te dijeron lo bueno que era tu dibujo, lo talentoso que eres o lo orgullosos que están de ti por haber hecho esa obra de arte. Una de las muchas maneras que tu mente tiene de interpretar esa situación es crear la creencia de que no eres una persona creativa, que tu dibujo no era bueno y que por eso no lo apreciaron como tú querías. Por lo tanto no tiene sentido darle seguimiento a ninguna idea creativa porque tú no vales para eso. No vas a encontrar reconocimiento a través de eso. Para qué arriesgarte y esforzarte si vas a acabar decepcionado de nuevo.

Este puede ser uno de los muchos escenarios que pueden estar interfiriendo con tu habilidad de crear algo, de empezar o completar un proyecto. El número de escenarios es extremadamente alto. Hay muchos tipos de memorias, sentimientos y creencias que pueden estar bloqueándote.

Con fuerza de voluntad y mucha energía puedes tirar hacia adelante y hacer cosas. Pero hay una manera simple de empezar a descubrir y liberar todas estas cajas negras para que no te afecten tanto. Hacerlo es una manera más sencilla de abordar las cosas que siempre tener que recurrir a la fuerza de voluntad para todo.

Además si haces esto no sólo vas a mejorar tus posibilidades de completar tu proyecto con relativa facilidad. También vas a sanar partes de ti mismo durante el proceso.

Me encantan los proyectos, creo que son herramientas para el cambio y el crecimiento. Y creo de todo corazón que igual que pueden generar crecimiento en los negocios y abundancia en muchos sentidos, también pueden ser espacios perfectos para el crecimiento personal.

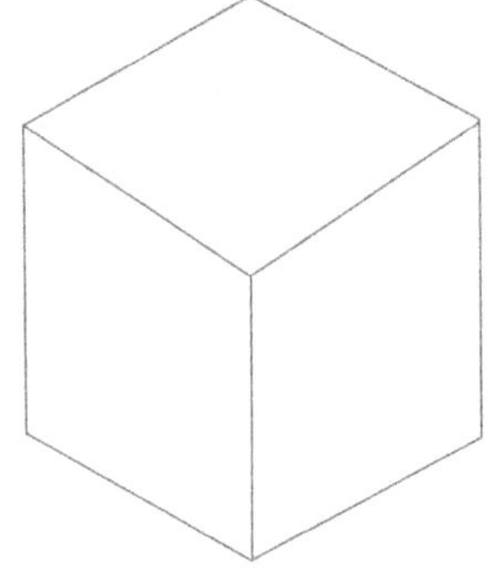

Ese es el objetivo de esta sección. Conseguir sanación y crecimiento personal a través de tu idea. Porque de esa manera no sólo vas a crear cosas buenas en el mundo a través de tu proyecto. También vas a crear más cosas buenas para ti mismo. Dos por el precio de uno.

Para llevar esto a cabo busca papel y lápiz y haz los siguientes ejercicios. Responde a las preguntas de cada ejercicio en el orden propuesto. Antes de cada pregunta respira profundamente, permitiendo que el aire vaya hasta tu abdomen y lo expanda. Escribe la primera respuesta que te venga, no la juzgues, no te censures. Si no tienes una respuesta para una pregunta no pasa nada.

Las preguntas están agrupadas por temas. Unos días un tema será más prolífico que otros. Es perfectamente normal. El truco es hacer este trabajo para que te vuelvas consciente de los pensamientos, creencias limitantes que están sobresaliendo en tu vida en este preciso momento. Ser consciente es el primer paso para empoderarte y poder trabajar en liberarlos.

EJERCICIO 1
Piensa en tu idea, sientes alguna resistencia a que ocurra de la manera que deseas?
1. ¿Qué significa sobre ti? Sobre la vida?
2. ¿Cuándo te has sentido antes así?
3. ¿Qué sucedió?
4. ¿Qué decisión tomaste sobre ti mismo? Sobre la vida? Sobre tu capacidad de crear cosas?

EJERCICIO 2
Imagina que tu idea se ha convertido en realidad tal y como querías
1. ¿Cómo te sientes?
2. ¿Qué significa sobre ti?
3. ¿Cuándo te sentiste así por última vez?
4. ¿Qué sucedió?
5. ¿Qué decisión tomaste sobre ti mismo? Sobre la vida?

EJERCICIO 3
Ahora imagina que tu idea ha pasado pero no de la manera que querías
1. ¿Cómo te sientes?
2. ¿Qué significa sobre ti?
3. ¿Qué significa sobre la vida, sobre el mundo?
4. ¿Qué significa sobre tu habilidad para crear?
5. ¿Cuándo te has sentido así antes?
6. ¿Qué sucedió?
7. ¿Qué te habría gustado que pasara?

EJERCICIO 4
Piensa en la última vez que creaste algo y no sucedió como querías
1. ¿Cómo te sientes ahora mismo sobre ese recuerdo?
2. ¿Cómo te sentiste en ese momento?
3. ¿Qué significa sobre ti?
4. ¿Qué decisión tomaste sobre tu habilidad de crear?
5. ¿Qué necesitas escuchar, vivir para poder liberarlo?
6. ¿Cómo puedes darte lo que necesitas para soltarlo?

EJERCICIO 5
Piensa en una vez que creaste algo y no recibiste el apoyo que querías
1. ¿Qué sucedió?
2. ¿Quién no te apoyó (padres, amigos, familia, clientes)?
3. ¿Cómo te sientes sobre esa situación?
4. ¿Qué significa sobre ti como creador?
5. ¿Qué significa sobre ellos ?
6. ¿Qué significa sobre la vida, el mundo?
7. ¿Qué decisión tomaste sobre llevar a cabo tus ideas?

EJERCICIO 6
Piensa en una vez que creaste algo y todo fue de la manera que querías

1. ¿Qué sucedió?
2. ¿Cómo te sentiste?
3. ¿Qué significó sobre ti en ese momento?
4. ¿Qué decisiones tomaste como consecuencia de esa experiencia?
5. ¿Cómo te sientes cuando recuerdas ese momento?
6. ¿Qué significa ese recuerdo para ti ahora?
7. ¿Qué parte de esa experiencia se ha grabado en tu sistema de creencias?

Para ayudarte a liberar todo esto puedes utilizar la meditación en el material adicional. Te ayudará a conectar con tu lado creador a un nivel profundo y trabajar en las interferencias que están surgiendo en este momento.

Hacer todo este trabajo significa que estás entrando en el espacio del crecimiento personal. A continuación hay algunas consideraciones si no estás familiarizado con este tipo de trabajo.

6.1 TU MENTE NO ES EL ENEMIGO

La parte de tu mente que toma todas estas decisiones sólo está tratando de evitar que te sientas mal. Mucha gente dice que deberíamos ignorar nuestro ego, dominarlo y empujar hacia adelante. Yo creo que nuestro ego es parte de nosotros y debemos encontrar la manera de integrarlo en nuestro ser. Aprender a trabajar juntos.

Una manera de conseguir este objetivo es darle espacio para que exprese sus sentimientos. Esto no significa ir por el mundo gritando a la gente. Puedes expresar tus sentimientos por medio de la escritura, hablar cuando estás solo, etc. Después de haberte dado un espacio para que esa parte de ti se exprese te será más sencillo encontrar un compromiso y trabajar juntos. Comunícate con esa parte de ti a menudo, déjale ver que estás siempre ahí. Porque dos partes integradas pueden conseguir más cosas que una parte sola.

Estás trabajando para traer una idea a la vida. No conozco ningún jefe de proyecto que no se haya sentido alguna vez no adecuado para su trabajo. Siempre se intentan tener las cosas bajo control, planear, imaginar qué puede ir mal. Y a pesar de todas las medidas que has tomado, un día uno de tus compañeros de equipo no cumple con una entrega. Puede que sea porque ha pasado algo inesperado o una emergencia. Como jefe de proyecto tu mente puede llenarse de pensamientos como: "debería haberme imaginado que esto iba a pasar", "debería haber planeado algo para esta

situación".

Desde ese punto es muy fácil que la situación en tu cabeza evolucione a "no soy bueno en mi trabajo". El otro tipo de respuesta posible es que sientas resentimiento y/o ira hacia ese miembro de tu equipo. Independientemente del escenario en el que estés, aquí es cuando es extremadamente importante explorar y dar espacio a esos 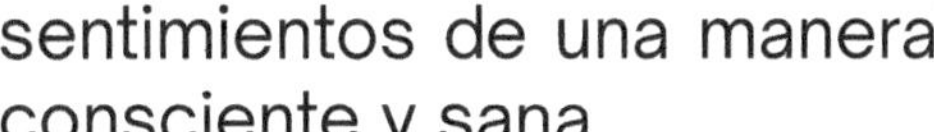 sentimientos de una manera consciente y sana.

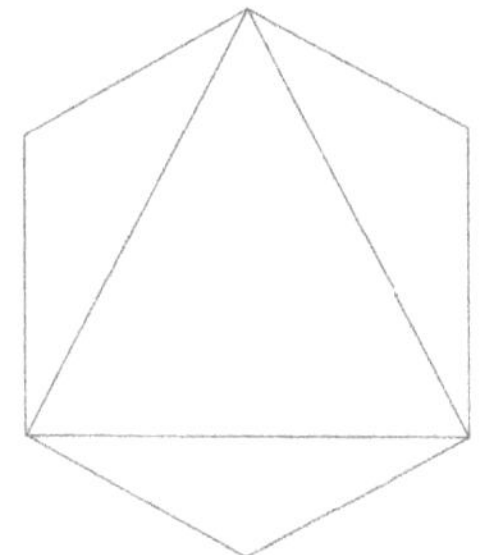

Escribe en un papel tus sentimientos sobre tu habilidad para gestionar el proyecto. A continuación explora si tienes algún sentimiento sobre la persona que no cumplió con su tarea o cualquier otro aspecto de la situación que te trajo a este momento de tensión. Libera tanto como puedas de cómo te sientes. Profundiza para determinar de dónde puede venir. ¿Cuándo te sentiste así en el pasado? ¿Qué sucedió? Explora los sentimientos o recuerdos que te surjan y encuentra una manera de liberarlos. Por ejemplo haciendo una lista de todas las cosas buenas que has hecho durante este proyecto, todas las veces que tenías un plan B y pudiste salvar la situación. Esto puede ayudarte a recordar que eres lo suficientemente bueno para este trabajo, simplemente nadie es infalible.

También puedes escribir una carta mostrando tu frustración hacia el miembro de tu equipo que provocó esta situación. No tienes que enviar la carta. Es simplemente una manera de liberar esas emociones y que salgan de tu cuerpo.

Puede que se te ocurra otra manera de liberar esto que funcione mejor para ti. Adelante. Lo importante es hacer el trabajo para que estas dos partes de tu mente puedan colaborar en armonía.

6.2 LOS RESULTADOS LLEGAN CON EL TIEMPO

Abrir estas cajas y experimentar sentimientos que has evitado durante años puede parecer raro y puede que te parezca algo sin sentido. Sin embargo, cuando te acostumbras a hacer este trabajo empiezas a sentirte mucho mejor. Dar espacio a esos sentimientos de una manera consciente es una herramienta fabulosa para nuestra salud. Es mucho mejor que todas estas cosas estén fuera de nosotros que dentro.

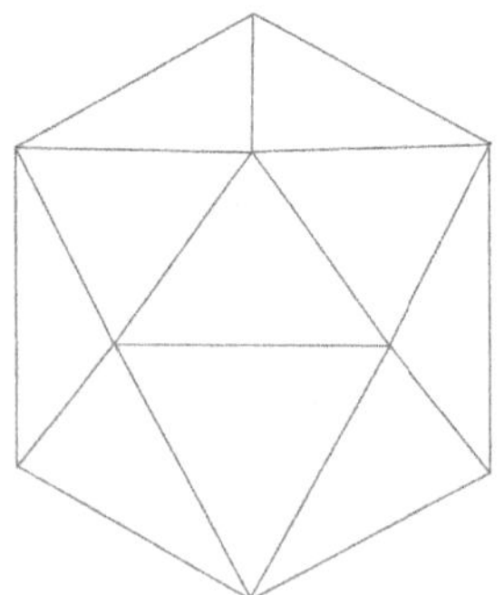

Emprender el camino del desarrollo personal te traerá confianza y paz interior durante la gestión de tu proyecto. Al menos esto es lo que me sucedió a mí. Tendrás más resiliencia en aquellas situaciones en las que las cosas no van de acuerdo a los planes. Esos son los momentos en los que mantener la calma y la confianza es una ventaja incomparable. Poder manejar situaciones que habrían sido estresantes en el pasado con templanza incrementará tu ingenio y creatividad para resolver los problemas.

En el camino del autoconocimiento también es muy probable que encuentres más compasión hacia ti mismo y hacia otros. Serás capaz de abrir tu mente y tomarte las cosas de manera menos personal. Esto es una gran fuente de paz interior por sí misma.

6.3 EL TRABAJO INTERNO SE BASA EN ACEPTAR RESPONSABILIDAD

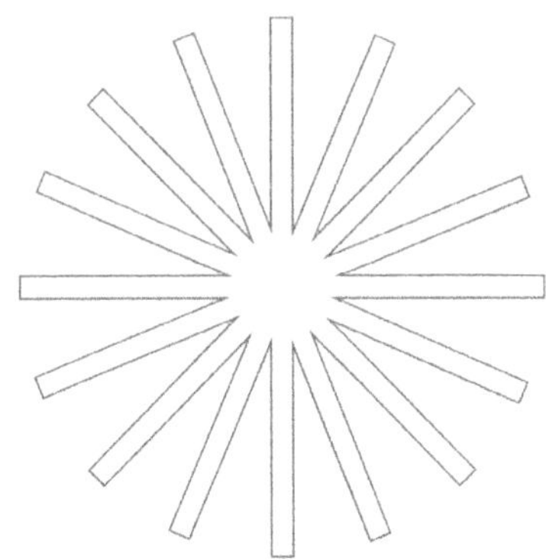

El autoconocimiento implica ser responsable de tus emociones, creencias y sentimientos. Esto no significa ni implica de ningún modo sentir culpa o vergüenza sobre algo que has vivido. Se refiere al hecho de que independientemente de lo que te ha sucedido en tu vida tú eres la única persona capaz de cambiar cómo te sientes sobre esos hechos.

No liberamos recuerdos dolorosos o perdonamos para beneficiar a otras personas. Lo hacemos para beneficiarnos a nosotros mismos, para no tener que seguir cargando con todo eso dentro de nosotros.

En cualquier interacción entre dos humanos hay un intercambio de energía, generalmente 50% de cada persona. Seguro que alguna vez en tu vida has hecho saltar la alarma de alguien sin querer, que alguien se haya ofendido sin que esa hubiera sido tu intención. Y lo mismo te puede haber pasado a ti. Si estás en una conversación respetuosa y consciente sobre un evento que ha generado emociones fuertes en alguien, y esa persona te dice que se siente de una manera determinada como consecuencia de esa situación, sé lo suficientemente amable y valiente para mirar hacia adentro e investigar cuál ha podido ser tu contribución a esa situación.

Por ejemplo, en uno de mis proyectos uno de mis compañeros de equipo solía tener problemas con mi manera de hablar. Para él cada vez que le pedía que hiciera algo le sonaba de una manera muy controladora y demandante, independientemente de mi tono de voz y de que yo usara por favor y todas las otras formas posibles de educación al expresarme.

Para mí habría sido muy fácil decir que lo que le pasaba era su problema dado que yo estaba siendo educada y que él tenía que trabajar este aspecto en sí mismo. Al fin y al cabo cada uno de nosotros es responsable por cómo se siente.

Pero en vez de eso decidí mirar hacia dentro y explorar si había alguna parte de mí que quería controlarle dado que esa era la experiencia que él tenía al interactuar conmigo. Durante esta investigación me di cuenta de que yo tenía un sentimiento muy fuerte de no sentirme segura, y que eso me estaba causando querer controlar las cosas.

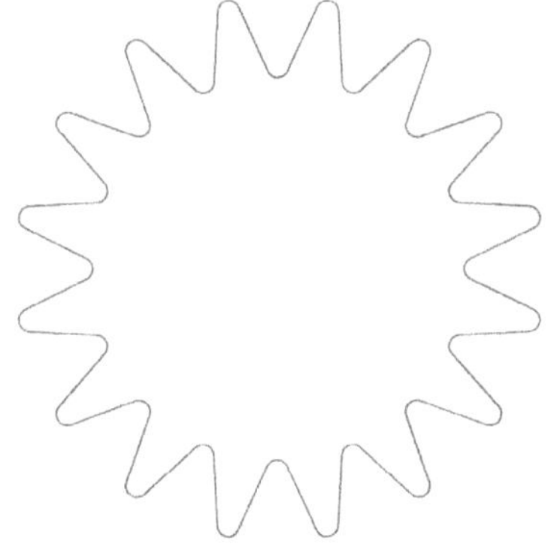

Esta necesidad de control se estaba proyectando a través de mis palabras sin darme cuenta y estaba siendo percibida de manera muy fuerte e incómoda por mi compañero de trabajo. Esa energía en mis palabras le estaba recordando momentos en el pasado donde él se había sentido controlado. Así es como funciona el 50-50. Hay sanación en ambos lados, sólo tenemos que ser lo suficientemente valientes para mirar hacia dentro.

También es posible que en un momento como este

te pongas a investigar que parte de tu energía está creando esta situación y no encuentres nada. Si ese es el caso puede ser que simplemente hay que dar espacio con compasión a la otra persona para que se exprese porque su camino personal requiere eso. Si has investigado en tu interior y no encuentras nada que liberar, al menos sabes que has hecho todo lo posible por tu parte.

6.4 SIEMPRE HAY UNA LECCION, UN REGALO

Cuando trabajas en liberar una creencia limitante básicamente descubres una lección, un regalo para ti mismo.

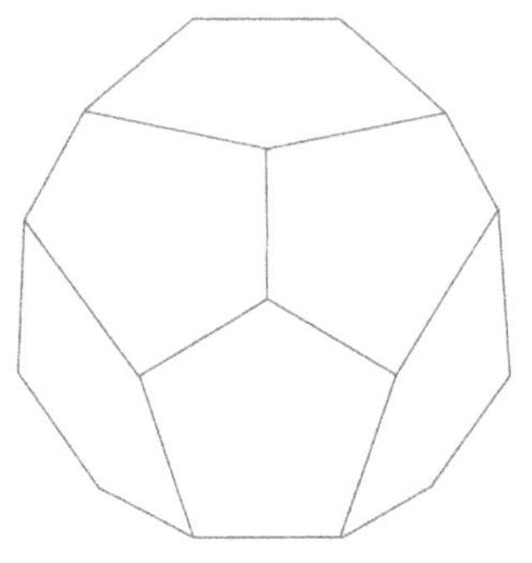

En la situación anterior sobre mi necesidad de control la lección para mí fue que en la actualidad me podía sentir segura y no tenía que seguir intentando controlar todo a mi alrededor. Que podía confiar en mí misma y en el universo y que todo iba a salir bien.

Esto me trajo sentimientos de confianza y seguridad muy profundos, justamente lo opuesto de lo que estaba sintiendo interiormente. Todo esto significa que ahora puedo sentirme segura y que este sentimiento es muy fuerte y poderoso, dado que vengo de experimentar la falta de estas sensaciones.

Como resultado fui capaz de empoderar a mi equipo dándoles más espacio para hacer su trabajo y confiando en ellos. Esto se tradujo en que ellos se sintieron más valorados. Y ese es un entorno de proyecto perfecto para colaboración y productividad.

A menudo el regalo del trabajo interno está relacionado con la dualidad. Hemos experimentado una cara de la moneda y cuando la liberamos podemos tener la otra cara, que suele ser una experiencia deseable. Y dado que conocemos lo que es no sentirnos así, la falta del aspecto agradable, cuando conectamos con ello se siente de una manera más fuerte y poderosa. Las lecciones también nos ofrecen oportunidades para nuestro equipo y los proyectos, en mi caso la oportunidad de crear un entorno más empoderado.

6.5 LOS MOMENTOS DIFICILES SON OPORTUNIDADES PARA CRECER

En las situaciones que nos provocan enfado o cualquier otra emoción fuerte no deberíamos recurrir a culpar al otro: me dijiste algo y ahora me siento x.

Durante uno de mis proyectos uno de mis compañeros de equipo se pasaba el tiempo sacando defectos a mi trabajo y a mi nivel de inglés. Mi lengua materna no es el inglés pero en 6 años de experiencia laboral en el Reino Unido nunca me habían dado a entender que mi inglés fuera un problema para desempeñar mi trabajo o que la calidad de mi trabajo fuera baja. Como te puedes imaginar los comentarios de este compañero me hicieron sentir que no era lo suficientemente buena para hacer mi trabajo.

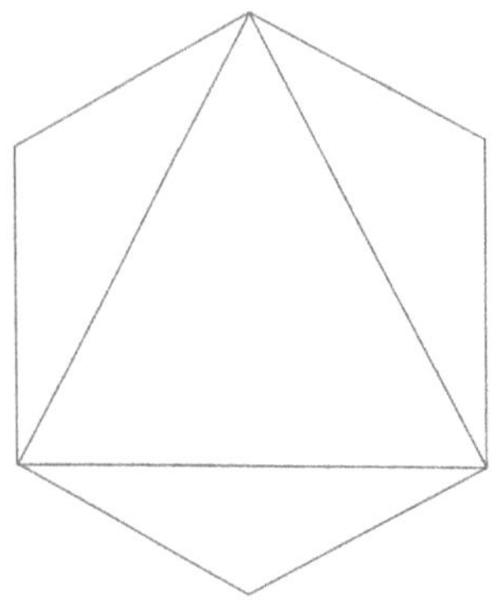

Hablé con otros compañeros de trabajo y mi jefe para ver si mi nivel de rendimiento personal estaba siendo peor de lo que yo creía. Todos me dijeron que no había ningún problema y que el compañero haciendo esos comentarios estaba fuera de tono.

Así que decidí hacer trabajo interno sobre esta situación y explorar cómo me sentía y qué significaba todo esto para mí. Al hacerlo descubrí que los comentarios de mi compañero me afectaban mucho porque estaban mostrándome mi propia creencia de que no me sentía suficientemente buena laboralmente. Cada vez que él decía algo de ese estilo me reafirmaba esa creencia limitante personal que yo tenía sobre mí misma. Y como yo no quería sentirme así me enfadaba con él.

Por descontado él no estaba actuando de una

manera educada, las cosas que decía no entraban dentro de comentarios constructivos, pero parte del problema era lo que yo creía de mí misma en mi interior. Una vez que descubrí lo que se estaba escondiendo detrás de todo esto trabajé para liberar esa creencia limitante de mi interior. Liberando esos miedos de que no soy suficientemente buena en mi trabajo. Recordando todas las cosas buenas y todos los logros que había conseguido hasta ese momento. Al hacerlo encontré un sentimiento más profundo de satisfacción personal. Y lo que es más importante, conseguí llegar al punto en donde no me importaba ni afectaba lo que mi compañero me dijera. Sus comentarios dejaron de tener efecto. Esa es la magia del crecimiento personal.

Después de hacer todo ese trabajo interno también fue más sencillo expresarme y poner límites con esta persona. Pude hablar de la situación sin que mis emociones dirigieran la conversación porque había conseguido solventar mi parte anteriormente. Es mucho más sencillo poner límites una vez que las emociones han sido al menos parcialmente identificadas y liberadas.

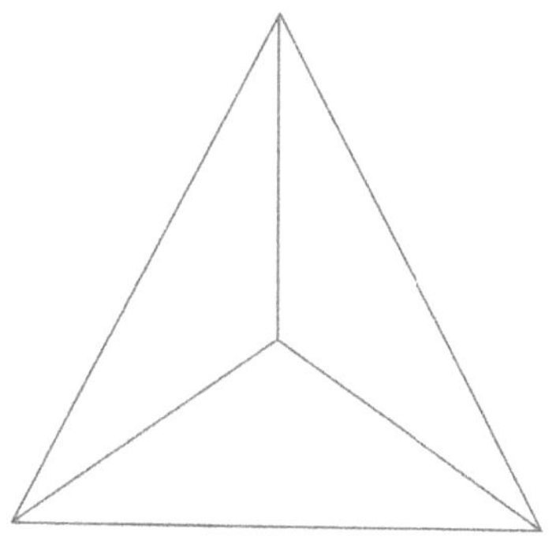

Cuando estás en una situación difícil tienes una oportunidad de oro para averiguar qué está pasando por debajo y sanar esa parte de ti mismo. Si lo haces, la próxima vez que estés en una situación similar no tendrá el mismo impacto en ti y eso es un regalo maravilloso.

Quiero dejar claro que esto no excusa un mal comportamiento de ningún tipo. Nadie debería ir diciendo cosas horribles a la gente sólo porque las está sintiendo o porque cree que son verdad. Y lo más curioso es que a veces los detonantes de conflicto suceden incluso sin haber palabras fuertes de por medio e independientemente de la intención de las palabras. En mi experiencia eso sucede porque tienes una creencia limitante o un recuerdo doloroso que está actuando y reaccionando en tu interior. Si tu camino es sanarte puede que acabes en un conflicto incluso a través de un abrazo o un cumplido. Y digo esto porque también me ha pasado.

Del mismo modo, nada de esto justifica ni invita a recibir abuso de ningún tipo. Si te encuentras en una situación en la que estás recibiendo abuso las cosas tienen que cambiar y hay que fijar límites.

Puedes hacer trabajo interno incluso en

situaciones en las que la otra persona claramente no está actuando de una manera correcta. Puede que consigas sanar algo en ti en ese proceso. Pero muchas veces parte de la sanación es darte cuenta de que te mereces ser tratado con amor y respeto y poner los límites correspondientes. No hay cantidad de crecimiento personal en el mundo que justifique un comportamiento abusivo.

6.6 TRABAJANDO CON COSAS INVISIBLES

Hacer trabajo interno significa trabajar con emociones, pensamientos y sentimientos. Estos aspectos de nosotros mismos que viven en el mundo invisible, dado que no son objetos 3D que podemos ver fácilmente con nuestros ojos humanos. Un aspecto muy importante de liberar una creencia limitante es tomar una acción en el "mundo real" que disminuya la influencia de esa creencia, lo que viene a contrarrestar su poder.

Por ejemplo, si estoy trabajando en una creencia limitante de que no soy lo suficientemente buena para escribir un libro y publicarlo, una de las mejores maneras que tengo de negar esa creencia es escribiendo un libro y publicándolo. Tu proyecto seguro que te

va a ofrecer oportunidades de retar tus propias percepciones sobre ti mismo al completar tareas o gestionar a ciertos miembros de tu equipo. Esto hace que tu proyecto sea una herramienta perfecta para crecimiento personal.

Siempre intenta encontrar la manera de hacer lo opuesto a lo que tu mente está diciendo que no puedes hacer. Así le das a entender a esa parte de ti mismo que eres más de lo que tu mente dice. Esto es una manera perfecta de liberar creencias limitantes. Sólo tienes que tener un poco de precaución al aplicar este método. No te tires de un tejado para demostrar que puedes volar. En ese caso tu mente probablemente tiene razón si te dice que no puedes.

6.7 ENCONTRANDO COMPASION

Ten compasión hacia ti mismo y hacia los demás. Como jefe de proyecto estás en una situación única para crecer personalmente al liderar el proyecto pero también para facilitar el crecimiento personal de tu equipo. Eres un ser humano con una vida compleja y el trabajo es una parte de esa mezcla. Lo mismo les sucede a los integrantes de tu equipo.

Todos tenemos nuestras cosas que aprender, sobrellevar y sanar. Lo único que podemos hacer es estar dispuestos a hacer este trabajo y crear un espacio donde los demás también puedan hacerlo. En mi experiencia tu equipo te respetará más cuando les puedes apoyar en su camino y les ves como seres humanos. Ellos se darán cuenta de que estás de su lado y esto facilitará que sean más productivos y apoyen el proyecto de una manera más natural.

Puede que de vez en cuando tengas que ser asertivo para asegurarte de que los roles y responsabilidades estén claros. Además esta manera de gestionar un equipo no quiere decir que no vayas a estar pendiente de la línea temporal o las fechas de entrega. Para mí la gestión de proyecto no debería basarse sólo en perseguir a la gente por sus tareas. Los proyectos son grandes oportunidades para conseguir crecimiento para el negocio pero también crecimiento personal para todas las personas involucradas.

Esto transforma los entornos de trabajo en algo más, un lugar dónde realmente quieres estar a diario porque consigues más beneficios que mejorar tu currículum laboral. Y quien no quiere estar en proyectos así y trabajar de esa manera.

Si tienes preguntas sobre cómo gestionar tu proyecto siempre puedes contactarme y tener una sesión de consultoría o de coaching.
Mucha suerte en este proyecto que acabas de definir y en cualquier otra aventura que te depare tu camino.

LA AUTORA

Mi nombre es Inés López. He trabajado como jefe de proyecto durante más de 10 años, liderando proyectos de hasta 300 millones de libras en diferentes industrias: transporte, desarrollo urbano, medio ambiente, energía renovable, emprendimiento y cultura. También tengo un Máster en gestión de proyectos estratégicos.

Me han dicho a menudo que tengo un don para organizar proyectos. Siendo sincera la verdad es que lo disfruto mucho, probablemente por eso se me dé bien. He dirigido proyectos en todas las fases del ciclo desde el comienzo hasta el cierre.

Lo que más me gusta es el principio, cuando lo único que tienes es un objetivo y tienes que dilucidar cómo llevarlo a cabo. Durante los últimos cinco años me he especializado en esa parte. He ayudado a muchas personas a llevar a cabo sus ideas de una manera sencilla, y me gustaría inspirar a más gente para que hagan sus proyectos realidad.

Pienso que el mundo necesita que crees la idea que ha estado viviendo en tu cabeza. De lo contrario no la habrías tenido. Además, poner un proyecto en marcha es relativamente fácil siguiendo una serie de sencillos pasos.

He puesto a prueba el contenido de este libro con suficientes personas para estar segura de que podrá ayudarte a que te conviertas en el jefe de proyecto inicial de tu idea. Si quieres más apoyo durante este proceso, coaching o consultoría puedes encontrarme usando el código QR o visitando **https://linktr.ee/elements.artist.**

www.ingramcontent.com/pod-product-compliance
Lightning Source LLC
LaVergne TN
LVHW050342160826
845677LV00014B/3745

* 9 7 9 8 3 7 1 3 6 7 1 0 5 *